AF303390

# LE MODÈLE DE GREINER

## Anticiper les crises et booster la croissance

Par Jean Blaise Mimbang
Sous la direction de Brigitte Feys

50MINUTES.fr

50MINUTES.fr

# DEVENEZ UN PRO
# EN BUSINESS !

# LE MODÈLE DE GREINER

- **Dénominations ?** Le modèle de Greiner, le modèle du cycle de vie ou de croissance des organisations (en anglais *Greiner Growth Model*).
- **Usages ?** La gestion des crises dans une entreprise, la définition de la stratégie et la modélisation de l'évolution organisationnelle.
- **Raisons de son efficacité ?**
  - Son caractère théoriquement prédictif. Selon le secteur d'activité de l'organisation et l'évolution des facteurs de l'environnement, ce modèle permet de situer et d'anticiper la prochaine crise (changement structurel ou fonctionnel) que l'organisation devra affronter.
  - Il permet d'identifier dans le passé d'une entreprise certains indices qui sont critiques pour son succès futur.
  - Il facilite la compréhension du fonctionnement des entreprises à croissance rapide (start-up).

- **Mots-clés ?**
  - <u>Changement organisationnel</u> : le processus de transformation de la structure dans un contexte donné.
  - <u>Cycle de vie des organisations</u> : l'ensemble des phases, de la constitution à la dissolution éventuelle, à travers lesquelles passe une entreprise.

> L'histoire de n'importe quelle région de la terre est comme la vie d'un soldat. Elle consiste en de longues périodes d'ennui entrecoupées de courtes périodes d'effroi.

Cette citation de Stephen Jay Gould (paléontologue américain, 1941-2002), dans *Le pouce du panda* (Paris, Grasset, 1982), peut, par extension, s'appliquer à l'homme et à l'entreprise. En effet, tout comme l'homme, l'entreprise est une organisation complexe qui subit différentes évolutions durant son existence. Celles-ci sont constituées de périodes de crise plus ou moins importantes qui peuvent mettre en péril la survie même de l'organisation.

Face à la mondialisation qui est une réalité économique actuelle, le défi de la compétitivité s'impose à toutes les entreprises. Celles qui parviennent à relever ce pari sont celles qui gèrent et anticipent au mieux les périodes de changements et les prochaines phases de développement de l'organisation.

En fonction du secteur d'activité de l'organisation et des facteurs de l'environnement, le modèle de Larry E. Greiner (universitaire américain, né en 1933) permet à une entreprise de visualiser dans quelle phase elle se situe et d'anticiper ainsi la prochaine crise qu'elle aura à affronter afin de la transformer en opportunité d'une nouvelle phase de croissance.

## HISTORIQUE

Les théories liées aux changements organisationnels sont développées depuis l'après-guerre et sont comparées et associées aux trois grandes périodes économiques qui se sont succédé depuis 1945 (Alain Desreumaux, « Nouvelles formes d'organisation et évolution de l'entreprise », 1996).

- La première période débute après la guerre et se termine au début des années soixante-dix. Elle correspond à une phase de forte croissance économique mondiale, aboutissant à un système en équilibre.

- La deuxième période commence dès le début des chocs pétroliers des années soixante-dix et se prolonge jusqu'à la crise économique du début des années quatre-vingt. C'est au cours de cette phase, caractérisée par un taux élevé de mortalité des entreprises et par des changements organisationnels importants, que s'inscrit le modèle de Greiner de 1972.
- La troisième et dernière période identifiable est celle qui s'étend du début des années quatre-vingt-dix jusqu'à aujourd'hui. Le contexte économique de cette phase de changements permanents se caractérise par des turbulences et de l'imprévisibilité.

## DÉFINITION DU MODÈLE

Selon Larry E. Greiner, une entreprise connaît, durant son existence, cinq phases de croissance bien définies entrecoupées de cinq moments-clés appelés « crises ». Le passage d'une phase à une autre est réalisé grâce à des adaptations structurelles qui marquent le caractère évolutif du système organisationnel.

Les phases de changement dépendent des facteurs internes (âge, taille, étapes d'évolution et de révolution, etc.) et externes (concurrence, localisation géographique, taux de croissance de l'industrie, etc.) de l'organisation. Les cinq phases de croissance sont :

- la phase de créativité ou de l'entrepreneuriat ;
- la phase directive ou de collectivité ;
- la phase de délégation ;
- la phase de coordination ou de formalisation ;
- et la phase de collaboration.

Ces phases sont potentiellement entrecoupées de cinq crises : celle du leadership, de l'autonomie, de contrôle, de la bureaucratie (familièrement appelée « crise de la paperasserie ») et enfin du renouveau.

# THÉORIE – PRÉSENTATION DU CONCEPT

## LES CYCLES DE VIE

Tout comme l'organisation traverse au cours de son histoire des phases de changements plus ou moins importantes qui peuvent mettre à mal sa survie, l'homme se développe petit à petit, au fil du temps, tout en subissant des périodes de crise qui peuvent aller jusqu'à sa disparition.

### Le cycle de vie biologique

Le cycle de vie biologique correspond à la période de temps pendant laquelle se déroule la vie complète d'un organisme depuis sa conception. De manière générale, le cycle de vie biologique commence par la naissance, ensuite survient la période de croissance qui mène à la maturité avant de finir par une période de déclin, voire jusqu'à la mort. En fonction du cycle de vie étudié, la terminologie diffère, bien que le processus reste comparable.

Prenons l'exemple du cycle de vie biologique humain :

- à la conception succèdent la naissance et l'enfance. Il s'agit de la « période de lancement » ;
- ensuite survient l'adolescence, caractérisée par la multiplication d'expériences diverses dans et hors du cercle familial et correspondant à la phase nommée « croissance ». À ce moment, l'être humain construit, tant bien que mal et selon la logique des essais et des erreurs, sa personnalité : il grandit et acquiert de nouvelles connaissances et compétences jour après jour. Toujours durant cette phase de croissance, l'homme découvre ses talents et ses faiblesses, ce qui l'amène à choisir un métier, mais également les sentiments et les émotions, tels que l'amour. Tout ceci correspond à une évolution positive dans sa vie ;
- enfin, surgissent inévitablement des évènements qui freinent la croissance, comme la retraite et la vieillesse, impliquant le passage dans la phase de déclin. Cette « décroissance »

mène, hélas, jusqu'à la mort, inéluctable pour tous les organismes vivants.

## L'entreprise, un ensemble de cycles de vie

À première vue, on pourrait penser que l'entreprise connaît un cycle de vie unique. En réalité, c'est tout le contraire ! Elle se situe à la croisée des chemins, car elle fait l'expérience de nombreux cycles de vie différents, parmi lesquels on peut citer les cycles de vie matériels (celui des produits, celui des technologies ou encore celui des modes de commercialisation), les cycles de vie humains et sociaux (celui du personnel et celui des modes d'organisation) et le cycle de vie lié à l'entreprise qu'elle gère de façon autonome.

• La notion de **cycle de vie d'un produit** est très régulièrement employée chez les professionnels du marketing puisque chaque produit suit un cycle de vie qui lui est propre. Ce cycle comporte généralement quatre phases : le lancement, la croissance, la maturité et le déclin. Mais pour certains analystes, il existerait en réalité cinq phases (et non quatre), car avant de lancer un produit – à l'instar du développement embryonnaire chez l'humain –, l'entreprise fait des études de marché, fabrique des prototypes, etc. Cette phase supplémentaire correspond à la phase de mise au point et vise à diminuer le risque d'échec lors du lancement du produit.

- **Le cycle de vie commercial** est assimilable au cycle de vie du produit à la seule différence que la quatrième phase correspond à la phase de relance éventuelle.
- **Le cycle de vie des technologies.** Tout comme les produits, les technologies possèdent leur cycle de vie propre qui comprend quatre phases : les phases de technologie naissante, de technologie émergente, de technologie-clé et celle de technologie de base.
- **Le cycle de vie du personnel.** En ce qui concerne le personnel, il existe aussi un cycle de vie qui se base sur les carrières des membres qui le constituent. Ce cycle débute par le recrutement, se poursuit par la croissance (comprenant les formations, les promotions, etc.), la maturité (à ce stade l'employé est un senior, aussi faut-il commencer à trouver son remplaçant à moyen terme) et se termine par le déclin (licenciement, retraite, etc.).

- **Le cycle de vie de l'organisation ou de l'entreprise**, que Larry E. Greiner modélise en un processus de croissance en cinq phases.

## LE CHANGEMENT ORGANISATIONNEL

Pour rappel, le changement organisationnel se définit par référence à un contexte, à une situation donnée. Il peut également se définir par opposition à la permanence.

### Les modèles d'évolution

Les théories relatives au rythme de changement organisationnel ont fortement évolué depuis la fin des années cinquante. Afin de faciliter l'analyse des différentes typologies structurelles, inspirons-nous des conclusions d'Alain Desreumaux (universitaire français, né en 1944) issues de son ouvrage *Nouvelles formes d'organisation et évolution de l'entreprise* (1996).

## Matrice d'Alain Desreumaux

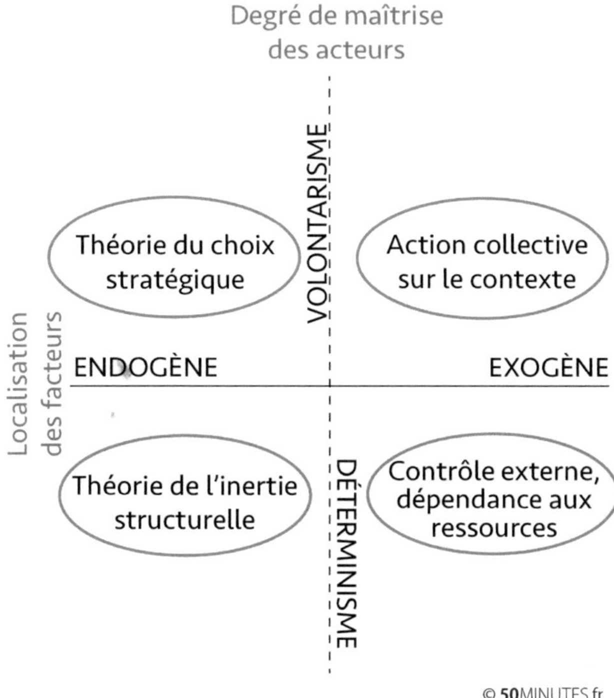



L'auteur retient les dimensions « degré de maî-
trise des acteurs » (en maintenant une distinc-
tion entre « déterminisme » et « volontarisme »)
et « localisation des facteurs » (en distinguant
les facteurs « endogènes » et « exogènes » du

changement ; certains théoriciens considèrent que l'environnement est non seulement le moteur du changement, mais également l'élément de sélection des organisations).

La matrice d'Alain Desreumaux fournit une vision synthétique des principales théories relatives au rythme des changements organisationnels.

- **Déterminisme.** Les caractéristiques principales des courants liés au déterminisme sont le pouvoir d'inertie de l'organisation et le rôle puissant de l'environnement pour faire évoluer les structures de celle-ci. En effet, l'environnement agit comme un outil de sélection des organisations qui n'ont pas développé leur flexibilité, et donc leurs capacités d'adaptation au changement. Dans ces courants de pensée, le changement est subi – tant par les employés qui peuvent, par exemple, se retrouver licenciés du jour au lendemain, que par les entreprises qui n'ont pu assurer l'équilibre financier. La dimension historique et culturelle, la résistance naturelle de l'homme face au changement, la peur de l'inconnu, etc. sont considérées comme des freins importants à la réorganisation de l'entreprise. Cette vision néo-darwinienne cherche à montrer les limites de la capacité d'adaptation des organisations. Une vision radicale incarnée par les sociologues américains Michael T. Hannan et John H. Freeman (1977) estime que les dirigeants (leaders) n'ont aucune latitude de pouvoir face à l'environnement, tandis que la vision moins déterministe défendue par Jeffrey Pfeffer (spécialiste du comportement organisationnel, né en 1946) et Gerald Salancik (théoricien des organisations) en 1978 accorde un rôle symbolique aux dirigeants lors des changements.

- **Volontarisme.** Le courant volontariste se caractérise par la capacité des acteurs à insuffler une dynamique de changement dans l'organisation. Le moteur du changement relève ici du rôle proactif des managers qui ont la capacité – et la volonté – de faire évoluer l'organisation. Le destin de celle-ci se trouve entre les mains du leader et de ceux qui ont le pouvoir. Le principal représentant de ce courant de pensée est John Child (théoricien du management et des organisations, 1972). Le changement organisationnel est perçu comme un instrument maîtrisé par les dirigeants, qui a fait l'objet d'une anticipation proactive stratégique, graduelle et continue. Le pouvoir stratégique et organisationnel repose sur la volonté de changement du leader et sa capacité à être reconnu légitime : on parle aujourd'hui de « leader inspirant ». Le courant de la théorie du choix stratégique comprend les théories de la planification stratégique de Gerry Johnson (professeur de management stratégique, 1987) et d'Alain-Charles Martinet (spécialiste français en sciences de gestion et de management des entreprises, 1994). D'après les deux auteurs, le rythme de changement peut prendre une orientation révolutionnaire du fait de la capacité du leader à imposer les échéances de changement à l'organisation. Le changement, et donc la transformation des structures sociales, résulte de l'interaction continue des différents individus (intelligence collective qui permet d'envisager de nouvelles solutions). Il est conçu « comme une répétition de formulation d'objectifs, de développement, de modification et d'interactions entre acteurs » (Yvonne Giordano, « Management stratégique et changement organisationnel : quelles représentations ?, 1995). Cependant, il n'existe pas une séquence déterminée et on peut difficilement identifier ou prédire les périodes de crise dans la structure de l'organisation.

## Le développement de l'organisation

On considère, en général, que quatre phases marquent le développement de l'organisation : la phase stable et continue, la phase d'évolutions sans bouleversement profond, la phase de changements non contrôlée et la phase de transformation profonde de l'organisation.

# L'évolution organisationnelle

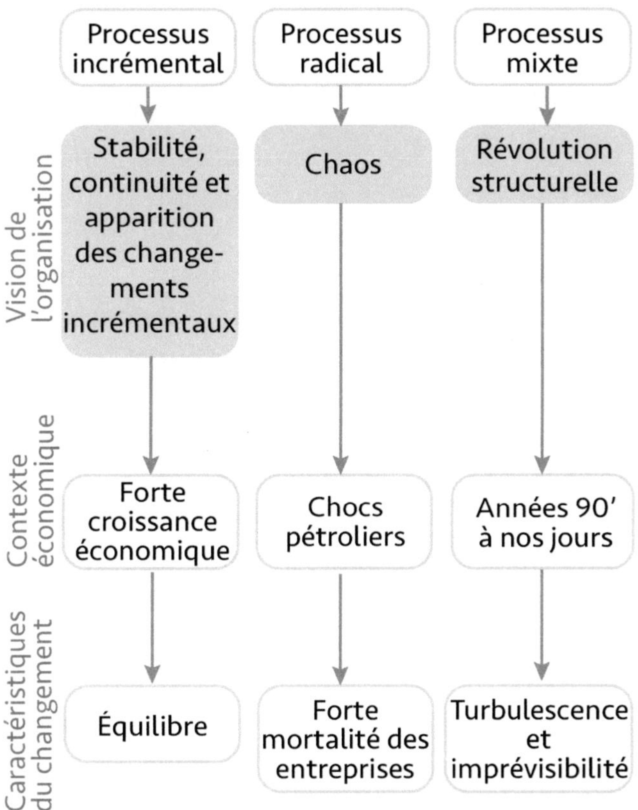

- **Stabilité et continuité**
- **Apparition de changements incrémentaux :**
  durant cette période, des changements conti-
  nus permettent à l'organisation d'évoluer
  sans pour autant bouleverser l'ensemble de
  sa structure. Les déterminants profonds de
  l'organisation sont principalement constitués
  de l'histoire de l'entreprise, de sa culture et
  de la structure organisationnelle existante.
  Le changement organisationnel est principalement initié par des facteurs endogènes. Les
  phases d'évolution sont qualifiées de phases
  de revitalisation par Henry Mintzberg (universitaire canadien, né en 1939) et Frances Westley
  (universitaire canadienne) en 1992. Dans
  l'exemple développé par Alain Desreumaux,
  cela correspond à la phase économique de
  croissance qu'est la période 1945 à 1973.
- **Chaos**
- **Révolution structurelle :** les processus
  révolutionnaires de changement organisationnel correspondent souvent à des phases
  de forte pression de l'environnement externe
  qui poussent les organisations à évoluer à
  un rythme soutenu au risque de disparaître.
  L'organisation est alors poussée aux limites

de sa capacité d'acceptation du changement. Pour Alain Desreumaux, ces phases sont apparues avec les bouleversements économiques liés en partie aux crises pétrolières du milieu des années soixante-dix. Ils correspondent à des phases de remise en cause des modèles économiques, des fondamentaux de gestion des organisations et de la structure profonde de l'organisation. Cette dernière est caractérisée par une forte résistance au changement des individus et groupes d'individus.

Pour dépasser cette phase de révolution – surnommée *turnaround periods* par Henry Mintzberg (1992) –, les organisations devront principalement se focaliser sur la gestion de deux éléments-clés, à savoir la crise et l'urgence. À ce stade en effet, il leur faut détruire le passé pour construire l'avenir.

## LA RÉSISTANCE AU CHANGEMENT

En période de crise, le changement peut être perçu par les individus comme un évènement dramatique. Si la communication n'est pas claire, ils peuvent se sentir menacés, craindre l'incertitude et manifester leur opposition spontanée (ex. : grèves). La résistance au changement est une réaction naturelle des individus qui cherchent à se protéger et ainsi se défendre contre la remise en cause de l'équilibre de l'organisation et sa stabilité pouvant mettre en question leur propre fonction et/ou légitimité. De nombreux auteurs, dont Jeffrey Pfeffer et Gerald Salancik, expliquent les mécanismes de résistance aux changements (mécanismes psychologiques et sociaux de blocage en réaction aux situations d'incertitude, etc.).

Connie Gersick (spécialiste des comportements organisationnels, 1991) insiste, quant à elle, sur l'importance de prendre en compte l'histoire de la firme pour analyser les limites de la capacité de changement. De plus, pour Nils G. M. Brunsson (économiste suédois, 1982) les processus de changements révolutionnaires se caractérisent par le changement de vision de l'organisation qui crée l'incertitude, la démotivation et empêche que le processus de changement soit incrémental.

## APPROCHES INCRÉMENTALES EN TERME DE CYCLE DE VIE

Comme nous l'avons vu, cette approche darwinienne est inspirée de la biologie : l'organisation est perçue comme un organisme vivant et la croissance comme un phénomène naturel. Selon cette perspective, le changement organisationnel est constitué d'un ensemble de changements incrémentaux cumulatifs. L'organisation peut accepter le changement tant qu'il est limité, alors que les changements importants résultent de l'accumulation insensible des petites modifications. Cette théorie définit la vision traditionnelle du changement comme un processus graduel et incrémental, structuré autour des séquences logiques appelées phases. Le principal promoteur de cette théorie, James B. Quinn (1980), considère que le changement est une somme de multiples petits évènements qui interfèrent entre eux.

La théorie du cycle de vie est relativement ancienne et très utilisée dans la littérature managériale. Dans certains cas, elle peut s'appliquer davantage aux changements organisationnels qu'aux changements stratégiques.

Mintzberg et Westley observent en 1983 que le cycle de vie d'une organisation est structuré autour de cinq phases. La première phase est celle du développement de l'organisation incarnée par un leader visionnaire qui fixe les objectifs. La deuxième phase est celle de la stabilité caractérisée par la planification de la structure organisationnelle, la mise en place des procédures et la structuration de l'organisation. Ensuite survient la phase d'adaptation marquée par des modifications mineures de la structure de l'organisation et de la stratégie contrairement à la phase de lutte. Cette dernière impose à l'organisation de trouver une nouvelle direction stratégique. On observe dès lors des troubles dans l'organisation, des challenges, des jeux de pouvoir ainsi qu'une remise en cause de la structure existante. La phase de révolution comprend les changements qui touchent la stratégie, la culture, les structures et les individus dans l'entreprise. Henry Mintzberg s'intéresse aux changements incrémentaux et reconnaît l'existence des périodes de changements brutaux, courts et intenses dans l'organisation.

# LE MODÈLE DE LARRY E. GREINER

Pour décrire l'histoire du développement de l'entreprise, Larry E. Greiner (1972) propose d'identifier dans le passé de l'organisation certains indices critiques pour son succès futur.

Cet universitaire considère qu'il est important de connaître l'histoire de l'entreprise pour déceler les facteurs-clés de succès et du rendement économique au fil du temps. Il soutient que les opportunités externes du marché déterminent la stratégie d'une compagnie, qui, à son tour, détermine la structure de l'organisation. Cette structure est l'élément central de la croissance future de l'entreprise.

Selon lui, toute organisation traverse au cours de son existence, cinq phases successives bien définies. Chacune de ces phases est caractérisée par une évolution graduelle, suivie par une crise de transition ou une brève période de révolution. C'est la résolution de cette crise qui permet le passage à la phase suivante.

**Le modèle de Greiner**

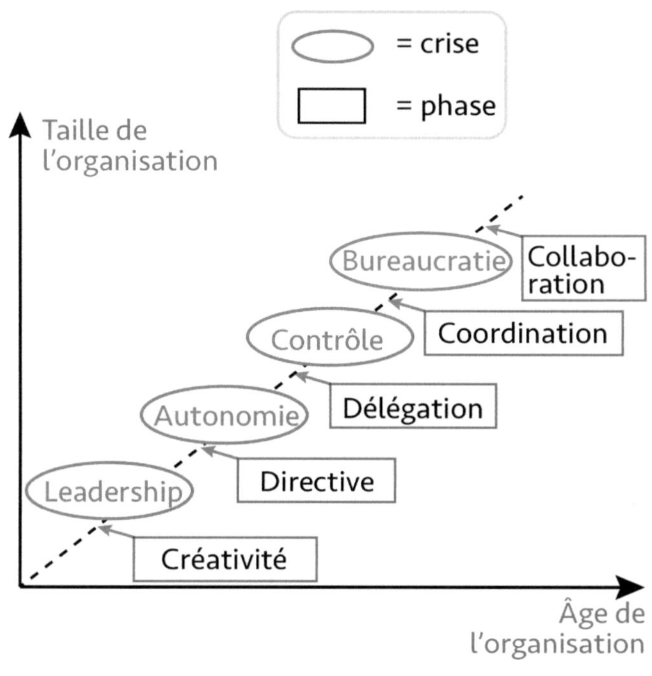


## La phase de créativité ou de l'entrepreneuriat

Cette première phase correspond au lancement de l'entreprise sur un marché porteur par les fondateurs qui sont souvent des techniciens ou des entrepreneurs, pas nécessairement des gestionnaires, ni même des managers.

La communication au sein de cette organisation est fréquente et informelle, les fondateurs et employés pionniers ne comptent pas leurs heures et se contentent généralement de salaires modestes. La motivation première est la réussite d'un lancement de projet. Leurs attributions ne sont pas forcément clairement définies, chacun coiffe plusieurs casquettes et assume avec passion les défis quotidiens, notamment par des mécanismes de prises de décision souvent collégiaux : ils participent activement à la construction de l'organisation. Le risque se situe au niveau des engagements et des départs des uns et des autres (notion de l'*affectio societatis*), car il en faut peu pour déséquilibrer la jeune structure.

## L'AFFECTIO SOCIETATIS

Issue du latin, cette expression désigne la relation qui lie les personnes participant conjointement au capital d'une société : ensemble, ils investissent, partagent les prises de décisions, les bénéfices et les risques,

Cette situation aboutit à une **crise de leadership.** Elle survient lorsque l'entreprise, ayant crû et prospéré, se doit de restructurer ses activités en termes de production de biens et services, de comptabilité, de gestion des ressources humaines, etc. selon le principe de « spécialisation des fonctions ». Les fondateurs ne peuvent raisonnablement disposer de toutes les compétences nécessaires, et ne parviennent pas davantage, selon Greiner, à motiver de nouveaux employés selon le modèle des débuts. Par ailleurs, ont-ils ou sont-ils seulement reconnus comme de « bons leaders », des « managers professionnels » maîtrisant la complexité des décisions de gestion ?

La solution à cette crise consiste à embaucher des managers « aguerris » qui savent mettre en place les structures fonctionnelles requises. Or, l'opération n'est pas sans risques, car les fondateurs et/ou les pionniers peuvent être tentés de maintenir l'état d'esprit et le caractère informel de l'organisation des débuts (volonté de garder le pouvoir, crise d'amour-propre en reconnaissant les limites, etc.).

## La phase directive ou de collectivité

Un individu a pris le pouvoir et dirige l'organisation, ce qui permet à celle-ci de poursuivre sa croissance dans un environnement de communication plus formelle et de se concentrer sur des activités distinctes, comme le marketing et la production. Les incitations financières font leur entrée dans l'organisation afin de motiver les individus.

Cependant, il arrive un moment où les produits et les procédés deviennent tellement nombreux qu'il est impossible qu'une seule personne parvienne à tout gérer en une seule journée. Tantôt, le temps fait défaut, tantôt, le flux d'information (sur les produits et les services) à intégrer est trop important. Alors l'organisation entame une nouvelle période de crise, celle de l'autonomie. La **crise d'autonomie** est liée à la nécessité de créer de nouvelles structures basées sur la délégation, mais également à des problèmes de financement liés à la croissance.

La solution à cette crise passe non seulement par une restructuration de l'organisation basée sur la délégation des responsabilités du dirigeant vers les autres membres de l'entreprise, mais aussi par l'entrée des capitaux intérieurs et/ou extérieurs dans l'organisation.

## La phase de délégation

La solution à la crise d'autonomie aboutit à la délégation de pouvoirs de la haute direction aux gestionnaires de niveau intermédiaire. Ces responsables sont libres de réagir rapidement face aux opportunités/menaces des nouveaux produits, marchés, concurrents, technologies, désirs et attentes des clients. L'organisation continue ainsi à croître.

Quant aux personnes qui injectent des capitaux, elles ne dirigent pas nécessairement elles-mêmes l'entreprise, et désignent, dans la majorité des cas, un agent pour les représenter et veiller à l'utilisation efficiente de ceux-ci.

Cette délégation risque alors d'engendrer, à son tour, une **crise de contrôle**. Le dirigeant principal, qui veut continuer à résoudre seul les problèmes primordiaux de l'organisation, a du mal à lâcher prise pour le reste. La structure de l'organisation devient pourtant trop grande pour un seul dirigeant. Ainsi, par orgueil, de nombreux fondateurs poussent leurs organisations à leur perte.

La solution à cette crise passe par une délégation réfléchie, marquée par la création de fonctions de chef de départements ainsi que de bureaux (départements ou filiales). Pour aller de l'avant, il faudra notamment redéfinir clairement les objectifs, les tâches et les responsabilités des nouveaux responsables et soutenir ces derniers dans leurs nouvelles attributions.

## La phase de coordination ou de formalisation

La croissance se poursuit avec les unités d'affaires (départements ou filiales selon la nature juridique) précédemment isolées et réorganisées en groupes de produits, de services et de ressources. Idéalement, les objectifs sont partagés par toute l'entreprise, alors que les différents départements, ayant les leurs, bénéficient d'une relative autonomie.

La bureaucratie devient tellement importante que les coûts impactent négativement la croissance de l'organisation. En évoluant de cette manière, les formalités administratives occultent la mission première de l'organisation. C'est ainsi que cette phase peut mener à une **crise de la bureaucratie ou crise des formalités administratives**, caractérisée par une perte de flexibilité.

Pour dépasser la crise, il faudra mettre en place une nouvelle culture – en se focalisant sur la vision et les métiers-clés de l'entreprise – et introduire une nouvelle structure plus flexible, adaptée et motivante.

## La phase de collaboration

Dans un souci de réduction des coûts et de maximisation des profits, la phase directive et celle de coordination sont relayées par un nouveau leadership inspirant et motivant, recentrant l'organisation sur ses priorités. Les promotions, les rotations de fonctions et les formations permettent aux individus de se surpasser au travail. Cette phase se termine par une crise de croissance interne. Plus largement, pour Larry E. Greiner, la croissance par collaboration peut être à l'origine de la crise future, mais qui reste cependant à définir en 1972.

## Suite

Récemment, Greiner a ajouté une sixième phase à son modèle initial. Il suggère que la poursuite de la croissance ne proviendrait que par l'externalisation (développement des partenariats avec les organisations complémentaires), également appelée *outsourcing*, des activités non essentielles de l'organisation.

Cette sixième phase, permettant une croissance via des solutions extra-organisationnelles, présente quelques avantages majeurs :

- le recentrage des compétences-clés de l'entreprise sur ses métiers de base (*core-business*) ;
- la diminution de la complexité de la gestion de sa taille (phénomène de *down-sizing*) ;

- la compression des coûts (moins de coûts fixes liés au personnel et plus de coûts commerciaux sur lesquels il est possible de faire jouer la concurrence) ;
- la garantie de qualité (le prestataire désirant le rester) ;
- la flexibilité de l'entreprise qui peut changer de partenaire en amont (fournisseur) ou en aval (distributeur) selon ses propres stratégies de développement.

## INTERPRÉTATION DU SCHÉMA D'ÉVOLUTION DES ENTREPRISES

Toute organisation connaît des périodes de relative stabilité et des périodes de crise. Les hommes, les structures et les procédures qui paraissent adaptés lorsque l'entreprise a atteint une certaine taille ou un certain âge ne le sont plus lorsque l'organisation mûrit ou grandit. Une direction, consciente du passé de son organisation, peut donc prévoir la crise à venir, s'y préparer en prenant les mesures appropriées au stade de développement atteint, et transformer ainsi une situation critique en point de départ d'une nouvelle phase de croissance.

Toutes les organisations ne sont pas encore passées par ces cinq phases. Certaines, si elles se stabilisent à une taille et à une complexité données, peuvent très bien en rester indéfiniment au stade correspondant. Seules les entreprises géantes européennes et surtout américaines en sont actuellement à la dernière phase du modèle de Greiner. Toute organisation qui se développe devrait cependant connaître ces successions de périodes calmes et de crises, la rapidité de passage d'un stade à un autre dépendant de la vitesse avec laquelle l'entreprise et son secteur industriel se développent.

Dans le cas d'une start-up (entreprise innovante à fort potentiel de développement qui nécessite des investissements importants pour financer sa croissance rapide), si l'entrepreneur souhaite concrétiser son idée et proposer son produit ou service au marché, il convient de disposer, en plus des ressources financières, des qualités managériales nécessaires pour assurer le lancement, le développement et la pérennité de son activité. Le processus de développement d'une start-up peut se décomposer comme suit :

- naissance d'une idée et recherche de partenaires et/ou de collègues ;
- montage du projet dans l'inconnu et phases d'information et de promotion ;
- intérêt du public pour le produit ou service proposé et début des problèmes de gestion de stock et d'approvisionnement ;
- délégation de pouvoirs des fondateurs aux gestionnaires « aguerris » suite au développement de la société ;
- l'entreprise étant devenue « trop grande », naissance de problèmes bureaucratiques qui empêche le développement de la société. À moins d'un changement de stratégie, celle-ci peut connaître son déclin.

Une bonne utilisation du modèle de Greiner peut permettre aux dirigeants d'anticiper les prochaines étapes et d'assurer la pérennité de l'organisation sachant que les start-ups bénéficient en général de quatre à huit ans de croissance continue sans gros problèmes économiques ou troubles internes graves.

# LIMITES DU MODÈLE ET EXTENSIONS

## LIMITES ET CRITIQUES DU MODÈLE

Si l'intérêt du modèle Greiner est de mettre en garde les dirigeants d'entreprise par rapport à l'existence probable de crises que leur société devra surmonter au fil de sa croissance, cette théorie souffre toutefois des limites et/ou des critiques suivantes :

- premièrement, s'il est vrai que bien des organisations commencent généralement avec des structures organiques peu élaborées pour atteindre des structures très sophistiquées, il serait excessif de considérer que toutes les organisations passent nécessairement par chacune de ces phases. Certaines entreprises stagnent, régressent, sautent des étapes alors que d'autres se font racheter par de plus grands groupes ou tombent en faillite ;
- deuxièmement, ce scénario d'évolution de l'entreprise demeure trop théorique. À ce jour, aucune étude n'a identifié avec précision les

seuils critiques où se déclenchent les crises. En d'autres termes, ce modèle est davantage un canevas d'analyse qu'un outil opérationnel ;

- troisièmement, le modèle de Greiner ne donne pas d'éclairage sur les déterminants du changement et les processus de changement eux-mêmes. Par ailleurs, il n'explique pas les causes de rupture, les raisons profondes des changements et le processus d'éclosion de ces crises ;
- quatrièmement, ce modèle ne permet pas d'analyser la phase qui suit celle de la maturité, et dans laquelle on retrouve la plupart des entreprises actuelles ;
- enfin, l'auteur ne tient pas compte dans son analyse des interactions entre les différentes parties de l'organisation ainsi que du caractère aléatoire du rythme du changement.

## EXTENSIONS ET MODÈLES CONNEXES

### Le modèle de l'équilibre ponctué

Ce modèle s'appuie sur la dimension historique en accordant un rôle limité au leader dans la gestion du changement. Il rejoint en cela le courant volontariste du changement en considérant que la plupart des systèmes possèdent des limites qui s'observent au niveau de l'ampleur des changements acceptables. Au-delà de ces limites, l'évolution de l'entreprise passe par une recomposition fondamentale. Ceci est contraire au modèle proposé par Greiner.

Les pères du modèle de l'équilibre ponctué sont Elaine Romanelli (professeur de management stratégique et entrepreneurial) et Michael L. Tushman (spécialiste du management stratégique) dès 1983. Selon eux, l'organisation vit de longues périodes de stabilité entrecoupées de périodes de réorientation stratégique traumatisantes pour l'entreprise et ses acteurs. Ils caractérisent la structure profonde de l'entreprise selon cinq dimensions que sont les valeurs de l'entreprise :

- les produits ;
- les marchés et les technologies ;
- la répartition du pouvoir dans l'organisation ;
- la structure organisationnelle ;
- et enfin la nature et les types de contrôles existants.

Le principal promoteur de la théorie de l'équilibre ponctué est Connie Gersick qui s'attache à vérifier l'applicabilité de cette théorie dans les domaines de la gestion, de la biologie, sur différents niveaux d'analyse : les individus, les groupes d'individus et les entreprises.

## Autres extensions

Afin de pouvoir analyser dans le détail les processus opérationnels de changement organisationnel, le spécialiste financier David Marsh (né en 1952) développe une théorie du changement qui s'intéresse au quotidien de l'organisation.

Pour Andrew Pettigrew (professeur de stratégie et d'organisation à l'Université d'Oxford, né en 1944), le changement ne doit pas être perçu comme un moment précis se situant entre deux périodes de stabilité, mais bien comme élément constamment présent qui est davantage visible lors des moments de crise. Pour l'auteur, il est donc possible de comprendre les processus de changement organisationnel en s'intéressant à la culture et à la politique de l'entreprise. Il met l'accent sur le fait que le changement organisationnel est l'officialisation d'un processus graduel, non visible et non planifié.

Par ailleurs, Henry Mintzerg (1992) considère qu'il existe un consensus stipulant que les généralisations sont en définitive moins intéressantes que la mise en évidence des cas, des circonstances et des contextes, où se vérifie les thèses. Le changement émane de la hiérarchie de l'organisation et est mis en œuvre par les niveaux inférieurs de celle-ci.

# MISE EN PRATIQUE DU CONCEPT – KODAK

En janvier 2012, un séisme secoue la planète de la photographie lorsque l'ancien leader des fabricants d'appareils photo, Kodak, se déclare en faillite. Tout avait pourtant bien commencé pour la société *Eastman Kodak Company*.

## PHASE DE CRÉATIVITÉ

Suite à la concrétisation des recherches de son fondateur George Eastman (industriel américain, 1854-1932), le groupe Kodak dépose le brevet sur la *méthode et l'appareillage pour la réalisation des plaques à émulsion* (support photographique permettant la réalisation des photos de qualité) en 1885. Avec son slogan « *You press the button, we do the rest* » (« Vous appuyez sur le bouton, nous nous chargeons du reste »), la célèbre marque Kodak apparaît pour la première fois en 1888 lors du lancement des premiers appareils photo à pellicule aux États-Unis. Depuis cette date, la société est reconnue comme innovante :

elle commercialise et popularise les appareils photo à pellicule et de poche pliant à travers le monde.

Cette phase de croissance aboutit à la crise de leardership. Avec de nombreuses usines et des milliers d'employés à travers le monde, William G. Stuber (manager américain, 1864-1959) remplace George Eastman à la tête du groupe Kodak et restera en poste jusqu'en 1934. Plusieurs autres managers « aguerris » prendront ensuite sa succession.

## PHASE DIRECTIVE

En 1960, le groupe Kodak compte près de 80 000 employés. La croissance exponentielle du groupe se poursuit avec de nombreuses inventions, dont l'appareil photo numérique mis au point en 1975 par l'ingénieur américain Steve Sasson (né en 1950). La commercialisation de celui-ci ne se fera pas ou se fera mal par peur de porter préjudice à la vache à lait qu'est le marché de la pellicule que domine Kodak. Pour bon nombre d'observateurs, c'est pourtant précisément le numérique qui sera plus tard la cause de la faillite de la multinationale. Avec des ventes dépassant 10 milliards de dollars en 1981, l'entreprise est connue non seulement pour les appareils photo, mais aussi pour l'exploitation de l'imagerie dans les domaines du loisir, de la téléphonie, des sciences, du divertissement et du commerce.

Afin d'asseoir un peu plus son influence, Kodak s'associe avec la *Compagnie générale des cinématographes, photographes et pellicules* de Charles Pathé (grand artisan français de la cinématographie, 1863-1957). Cette association donne naissance à Kodak-Pathé et sera à l'origine de plusieurs productions cinématographiques.

L'entreprise poursuit son investissement en recherche et développement et compte, de ce fait, plusieurs ingénieurs, mais aussi plusieurs niveaux de management. Il se crée alors un divorce entre le management et les laboratoires de recherche, ce qui se solde par quelques décisions malheureuses au niveau stratégique. Certaines innovations révolutionnaires (capteurs CCD, rayons X numériques, la photo numérique, etc.) n'ont ainsi pas reçu l'accord de commercialisation du management par peur de mettre en péril les marges élevées issues de la vente de pellicules.

Kodak connaît une crise d'autonomie : beaucoup d'ingénieurs quittent le groupe pour commercialiser leurs inventions ailleurs avec l'accord de leur ancien employeur.

## PHASES DE DÉLÉGATION ET DE COORDINATION

Malgré un léger fléchissement, la croissance de l'entreprise se poursuit grâce à des moyens financiers considérables (sur chaque dollar de pellicule Kodak vendue, la recherche récupère cinq cents).

Une crise de contrôle se met en place : le « laissez-faire relatif » est le mot d'ordre dans les laboratoires ; les services commerciaux privilégient la recherche basée sur les produits, plutôt que celle basée sur les technologies et les besoins des clients ; les discussions et décisions sur la commercialisation des innovations prennent des mois, ce qui fait perdre un temps précieux à l'entreprise. Parfois, des commerciaux qui ont rejeté une innovation, sans analyse, quelques mois plus tôt, demandent ensuite aux chercheurs de la développer (crise de la bureaucratie).

Pour résoudre la crise de contrôle, Colby H. Chandler est nommé CEO de Kodak en mai 1983 et il restera en poste jusqu'en juin 1990. Ce dernier est à l'origine d'une redéfinition des missions et des attributions du management. La solution à la crise de la bureaucratie ne sera visible qu'après la faillite de janvier 2012.

## PHASE DE COLLABORATION

Cloisonnée dans le juteux marché des pellicules pendant de nombreuses années, l'entreprise Kodak se lance sur le marché du numérique tardivement et sans succès avec sa gamme de produits *EasyShare*. À partir de 2007, la société connaît des difficultés financières. Pour y faire face, elle décide de vendre ses brevets, restructure ses départements, noue de nouveaux partenariats, se sépare de plusieurs collaborateurs à travers le monde et délaisse son activité historique (la pellicule) pour se concentrer sur les technologies modernes (photographie et cinéma numériques).

Malheureusement, tous ces efforts ne rapportent pas les fruits escomptés. En janvier 2012, la société se place sous la protection de la loi américaine sur les faillites. Un an après avoir déposé le bilan et fermé 13 usines, la société Kodak repart avec 8 500 salariés. Techniquement prête, l'entreprise développe des applications (encore en phase de prototype) pour revenir au-devant de la scène. Mais il va lui falloir plusieurs innovations, un leadership inspirant et motivant pour que la timide reprise ne soit pas un feu de paille.

Actuellement, Kodak propose une ligne d'imprimantes à jet d'encre unique. Ces imprimantes, nouvelle génération, disposent d'un scanner qui peut servir de photocopieur et permettent d'imprimer à moindre coût par rapport aux concurrents que sont HP ou Epson.

# Le modèle de Greiner – Kodak

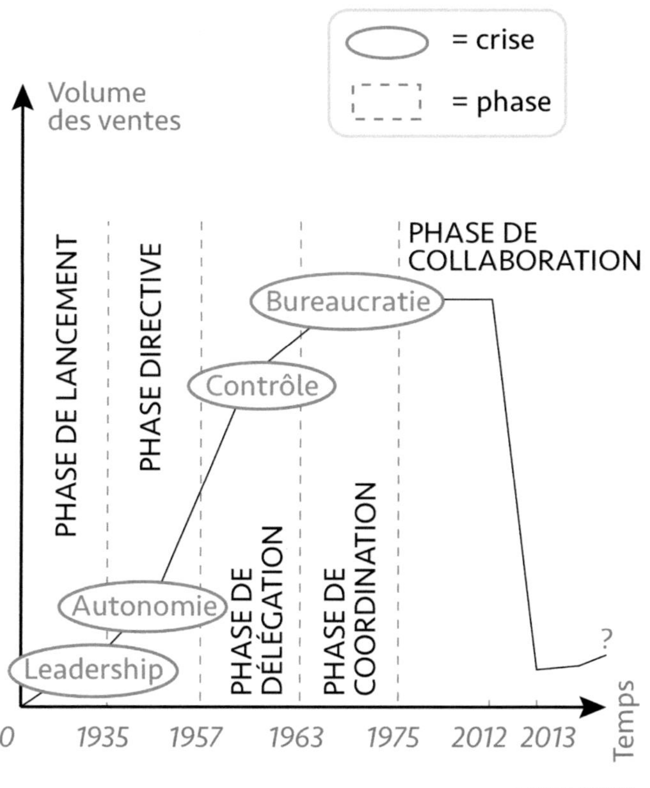


© 50MINUTES.fr

# EN RÉSUMÉ

- Larry E. Greiner a montré que l'entreprise connaît, au cours de son évolution, une alternance de phases de croissance et de crise. Ces périodes de changement font partie intégrante de l'organisation. Afin que la pérennité de l'entreprise soit garantie, l'organisation doit intégrer la notion de cycle de vie et l'exploiter au maximum afin d'en tirer les avantages et s'affirmer sur le marché.
- Les cinq phases du cycle de vie d'une entreprise sont :
  - la phase de créativité ;
  - la phase directive ;
  - la phase de délégation ;
  - la phase de coordination ;
  - la phase de collaboration.
- Malgré l'indéniable comparaison du cycle de vie de l'organisation avec celui de l'homme,
- certaines entreprises peuvent ne pas effectuer la dernière phase du cycle de l'évolution, celle du déclin ou de la mort.

- Malgré que le modèle de Greiner soit davantage un cadre d'analyse qu'un outil opérationnel, le modèle de l'équilibre ponctué montre qu'il est possible de dépasser les approches en termes de cycles de changement notamment avec le modèle proposé par Andrew Pettigrew.
- Enfin, l'histoire de Kodak montre que l'innovation et le changement sont des facteurs-clés de succès de l'entreprise.

# POUR ALLER PLUS LOIN

## SOURCES BIBLIOGRAPHIQUES


- ATAMER (Tugrul) et CALORI (Roland), *Diagnostic et décisions stratégiques*, Paris, Dunod, 1998.

- BARTHELEMY (Jérôme), « L'externalisation : une forme organisationnelle nouvelle », in *Actes de la huitième conférence de l'Association internationale de management stratégique*, Paris, 1999.

- DEMERS (Christiane), *Organizational Change Theories. A Synthesis*, Thousand Oaks, Sage Publication Inc., 2007.

- DESREUMAUX (Alain), « Nouvelles formes d'organisation et évolution de l'entreprise », in *Revue française de gestion*, 1996, p. 86-108.

- DEVAL (Émilie) et NURY (Guillaume), *La notion de cycle biologique intégrée par le management*, Institut supérieur technologique Montplaisir-Valence, 2009.

- GERSICK (Connie), « Revolutionary Change Theories. A Multilevel Exploration of the Punctuated Equilibrium Paradigm », in *The Academy of Management Review*, vol. 16, 1991, p. 10-36.

- GIORDANI (Yvonne), « Management stratégique et changement organisationnel : quelles représentations ? », in *Les nouvelles formes organisationnelles*, Paris, Economica, 1995, p. 161-179.

- GOULD (Stephen Jay), *Le pouce du panda*, Paris, Grasset, 1982.

- GREINER (Larry E.), « Evolution and Revolution as Organizations Grow », in *Harvard Business Review*, 1972, p. 37-46.

- HENRIET (Bruno), « La gestion des ressources humaines face aux transformations organisationnelles », in *Revue française de gestion*, 1999, p. 82-93.

- LEMAIRE (Laure), *Systèmes de gestion intégrés. Des technologies à risques ?*, Paris, Éditions Liaisons, 2003.

- MINTZBERG (Henry), THOMAS (J. M.) et BENNIS (W.G.), *Strategy Safari. The Management of Change and Conflict*, New York, The Free Press, 1972.

- PERETTI (Jean-Marie), *Ressources humaines et gestion du personnel*, Paris, Vuibert, 1998.

- PERRET (Véronique), *Rythme et processus de changement : processus incrémental ou révolutionnaire*, Dossier Management du Changement et TIC, DEA 128FC, Promotion 3, consulté le 23 décembre 2014. http://dea128fc.free.fr/CoursA/A2-ManagementChangement&TIC/expo/valery/DEA128FC-Processus%20incr%E9mental%20et%20r%E9volutionnaire.pdf

- PERRET (Véronique) et JOSSERAND (Emmanuel), *Le paradoxe. Penser et gérer autrement les organisations*, Paris, Éditions Ellipses, 2003.

- PETTIGREW (Andrew), « Context and Action in the Transformation of the Firm », in *Journal of Management Studies*, vol. 24, n°6, 1987, p. 649-670.

- QUINN (James Bryan), *Strategies for Change. Logical Incrementalism*, Homewood, III : Richard D. Irwin, 1980.

- REIX (Robert), « L'impact organisationnel des nouvelles technologies de l'information », in *Revue française de gestion*, 1990, p. 100-106.

- ROMANELLI (Elaine) et TUSHMAN (Michael), « Inertia, Environments and Strategic Choice. A Quasi-Experimental Design for Comparative Longitudinal Research », in *Management Science*, vol. 32, n°5, 1996, p. 608-621.

## SOURCE COMPLÉMENTAIRE

- COHEN (Elie), « Entreprise. Gestion d'entreprise », in *Encyclopædia Universalis,* consulté le 1-15 décembre 2014.
http://www.universalis.fr/encyclopedie/entreprise-gestion-d-entreprise/ressources/

*Votre avis nous intéresse !*
*Laissez un commentaire sur le site de votre*
*librairie en ligne et partagez vos coups de cœur sur*
*les réseaux sociaux !*

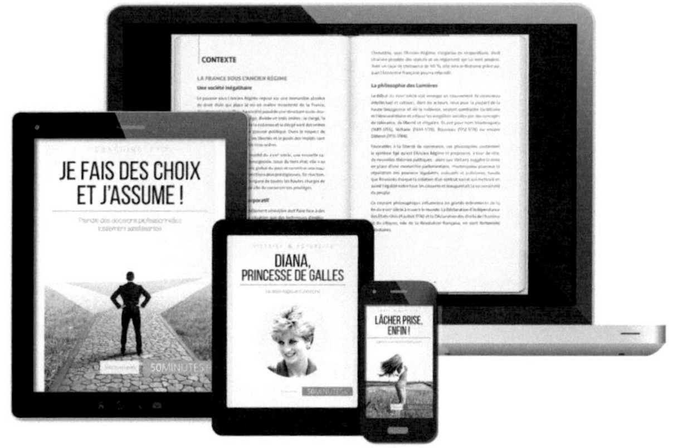

www.50minutes.fr

ISBN ebook : 978-2-8062-6242-4
ISBN papier : 978-2-8062-6243-1
Dépôt légal : D/2015/12603/114
Photo de couverture : © Primento

Conception numérique : Primento,
le partenaire numérique des éditeurs